孟子故事

清清白白做事
堂堂正正做人

易中天 著　胡永凯 绘

浙江文艺出版社
Zhejiang Literature & Art Publishing House

果麦文化 出品

大写的人

孟子这人脾气不好。

脾气不好的结果，是他的培训班办不下去，因为那班上的学员是国王。国王不听孟子的那一套，老先生也只好卷起铺盖走人，换个地方上课。

不过，分手的时候大家都客客气气。

齐国的国王还派了人陪着出境。

孟子却不理睬他。

那人也生气了。他对孟子说：弟子昨天晚上可是肉也不敢吃，酒也不敢喝，洗了澡才跟先生说话，先生却闭着眼睛装睡。对不起，弟子只好告辞！

说完，站起来就要走。

孟子说：你坐下，听我说。请你也认真替我这老头好好想一想，我究竟想要什么？如果办不到，那就闭上嘴巴，讲那些没用的客气话有意思吗？

这个故事，记载在《孟子·公孙丑下》。

其实孟子是乱发脾气。国王听不听他的，那人怎么管得了？要知道孟子那会儿，是王国之间不断发生兼并战争的时代。头头脑脑们心里想的只有两件事：怎样才能把别人吃掉，或者怎样才能不被别人吃掉。他们哪有心思和工夫听这老头唠唠叨叨讲什么仁爱呀，正义呀？

孟子的国王培训班，注定留不住人。

结果，便只能留下思想文化遗产。

遗产是宝贵的，也是丰富的，其中最重要的是如何做人，尤其是如何做一个男子汉大丈夫。

他的脾气大，这是原因之一。

这么说，女生不用读这本书了？

不不不，也要读的。因为孟子说的男子汉其实是指大写的人，真正的人，问心无愧的人。这可是每个人的成长目标，男生和女生都一样的。

所以，你一定要读孟子的故事。

目录

齐宣王的故事

有爱心才有威望

穿上文化衫，
办起培训班。
天下兴亡肩上担，
奈何国王不转弯。

不转弯，把脸翻，
将你列入黑名单。
敬酒不吃吃罚酒，
且看最后谁难堪。

装病大比拼

孟子到齐国了。

齐宣王很高兴。

孟子也一样。因为他最想做的事情，就是开办国王培训班。当然，并不是所有的国王都可以成为他班上的学员。如果孟子看不上眼，就不教他。

老先生还说：

教亦多术矣。

予不屑之教诲也者，是亦教诲之而已矣。

意思是：教育这件事，也有各种方法。如果我表示不屑于教育他，那就是在教育他。

这可真是一点面子不给。

幸运的是，齐宣王在录取分数线以上。

至少，他看起来爱学习。

实际上齐国的文化氛围很浓。他们在首都（今山东省淄博市）的稷门附近建立了学宫，邀请当时各个邦国各个学派的学者前来居住。来的人都有高官厚禄，也都养尊处优，而且随便他们爱做什么学问就做什么，爱招什么学生就招谁。官方只给钱，不干涉。

这确实不错，孟子很满意。

齐宣王却发神经。他派人来说：寡人原本应该过去看望先生的，可是寡人感冒了，不能吹风。如果先生肯屈尊过来，寡人就上朝，不知能见到先生不？

这意思，其实就是想让孟子去拜见他。

孟子却不吃这一套。

他说：不好意思，碰巧鄙人今天也不能吹风。
那人只好自己一个人回王宫。
其实孟子没病。
而且，他还原本是准备去见齐宣王的。
那么，孟子为什么要装病？
因为直觉告诉他，宣王是借口生病故意摆谱。
这当然不行。

结果，惹出麻烦了。

第二天，孟子准备去东郭大夫家吊丧。

他的学生公孙丑便说：这样做不合适吧！昨天先生还说生病，今天怎么好去吊丧？

孟子说：昨天病了，今天好了，怎么去不得？

然后不管不顾走了出去。

没想到，孟子出门没过多久，齐宣王就派了人前来慰问老先生，还特地带了医生来。

这下子，留在家里的人都狼狈不堪。学生孟仲子也只好应付说：先生昨天病了，今天好了一点，已经上朝去了，但不知他老人家走不走得到。

打发了前来慰问探望的使者，孟仲子赶紧派人四处拦截孟子，请老师无论如何要去上朝。这下孟子便进退两难。走也走不了，回也回不去，转了几个圈，到最后只好在一个名叫景丑的人家里借宿。

这事景丑就看不懂了。

他说：先生这样对待国王，恐怕不太合适吧？先生不是讲究礼的吗？按照礼法，听见父亲召唤就应该立即起身，听见君主召唤则该马上就走。先生原本是要去朝见大王的，听到大王的召唤反倒装起病来不去了，这好像不符合礼仪规范。

孟子当然不认错，便说了一大段话。

其中有一句是：

天下有达尊三：爵一，齿一，德一。

爵，就是爵位。

齿，就是年龄。

德，就是品行。

天底下最尊贵的，就是这三样。

三种人当中，谁又最牛？

孟子也有说法：

在朝廷，就看爵位。

在乡里，就看年龄。

如果要平治天下，就首先看德行。

所以，哪怕贵为国君，也不能凭着爵位来蔑视年龄和道德。相反，那些有所作为的国王，必定有不能随便召唤的臣民。有了问题，也一定是自己登门求教。做不到这一点，就休想成为有用的人。

哈哈，他这还是为齐宣王好。

齐宣王，也终于请他上课。

本节故事见《孟子》之《告子下》《公孙丑下》

哆嗦的牛

第一堂课，孟子就讲了个故事。

故事其实是齐宣王自己的。某天，有人牵着一头牛从堂下走过。牛边走边流泪，浑身哆嗦。

宣王问：这头牛要牵到哪里去？

那人说：牵去宰了，衅钟。

衅读如信，是一种祭祀仪式。

具体地说，就是用鲜血涂抹某种器物。

涂在铜钟上，便叫作衅钟。

抹在战鼓上，则叫作衅鼓。

衅鼓要杀俘虏，衅钟要杀动物。那头牛被牵着走过堂前，就是要拿它的血涂抹青铜铸造的钟。牛虽然不会说话，却也知道死到临头，所以流着眼泪哆嗦。

齐宣王说：放了它吧！我实在不忍心看它哆哆嗦嗦的样子，毫无罪过却要去死！

那人问：废除衅钟的仪式吗？

宣王说：那怎么行！换只羊好了。

结果就换了羊。

讲完故事，孟子问：有这事吗？

齐宣王说：有。

孟子说：老百姓都认为大王小气吧？

宣王说：可不是嘛！不过我们齐国再小，寡人也不至于连一头牛都舍不得。实在是不忍心看着它哆哆嗦嗦地无罪而就死地，这才换成了羊。

孟子说：老百姓这样讲，并不奇怪，毕竟大王是用个头小和价钱低的，换了个头大的。何况要说“无罪而就死地”什么的，牛和羊又有何区别？

齐宣王笑了。

他说：寡人自己也讲不清是怎么回事，稀里糊涂就做了那样的决定，完全没有去算那些账。看来，也只好让老百姓说三道四，认为寡人吝啬小气了。

孟子说：没关系。事情其实很简单，就是大王只看见了牛，没看见羊。看见羊，同样也会于心不忍。因此微臣要恭喜大王，大王可以成为世界领袖了。

原文是：

是心足以王矣！

王，读如望，字面上的意思是成为国王。

当然，孟子这句话没那么简单，因为齐宣王已经是齐国的国王。所以，他对这位学员的期许，就只能理解为像当年的周武王一样，成为天下之王。

齐宣王眉开眼笑，他说：

夫子言之，于我心有戚戚焉。

戚戚，就是心动的样子。

心动不奇怪，因为那就是他想要的。

齐宣王心里美滋滋的。

不过他还是有些想不通。

宣王问：当时寡人想都没想就把牛放了，先生怎么就知道寡人是于心不忍呢？再说了，不就是放了一头牛这么点事吗？怎么就可以成为天下之王呢？

这也正是我们想知道的。

本节故事见《孟子·梁惠王上》

王道与霸道

其实，孟子的第一堂课原本不是这样的。

由于是国王培训班，所以齐宣王先说话。他很客气地问孟子：先生是大学问家，见多识广博闻强记。齐桓和晋文的事，不知能不能详细地为寡人讲讲？

孟子却回答：对不起，这个我不会。

什么叫齐桓、晋文之事？

孟子又为什么说不知道？

其实，齐桓和晋文就是齐桓公和晋文公，春秋时期的两个霸主。春秋的霸主共五个，具体是谁有不同说法。但不管哪种说法，都有齐桓和晋文。

那么，什么是霸主？

超级王国，带头大哥，称霸世界的人。

齐桓公和晋文公就是这样。他们称霸后，诸侯间的秩序就由他们维持，各路诸侯也由他们号令，并且成为他们的跟从者。这样的事业，就叫：

霸业

实现霸业的政治路线，则叫：

霸道

霸道，才是齐宣王想听的课。

所以开学第一天，就要问齐桓、晋文之事。

孟子却顶了回去。

他说：孔子的学生，没有讲霸道的。

那他们讲什么？

王道

请问，王道和霸道又有什么区别？

很清楚，霸道讲武力，王道讲爱心。

由王道实现的事业，就叫：

王业

孟子是主张王业的，所以他要培训国王。

齐宣王却没这理想，心里也没底，只好装出萌萌的样子羞答答地问：像寡人这样的，也能成就王业？

孟子说：能。

宣王问：先生怎么知道？

孟子就讲了牛的故事。

宣王不懂。

是啊，放了头牛，怎么就王道了？

因为齐宣王这样做，并非因为吝啬小气，而是实在不忍心看着那牛哆哆嗦嗦地流眼泪，没有任何罪过就要去死。这样一种发自内心的同情，就叫：

不忍之心

不忍之心就是仁。

而且是仁的心理基础。

为什么呢？

读过《论语》就知道，孔子有个主张：

己所不欲，勿施于人。

但，这只是在讲道理。

道理好讲，做不做得到则是另一回事。

孟子却认为他做得到，因为齐宣王放走那头牛时连想都没想，甚至事后都弄不清自己是怎么回事。这就说明他的决定不但发自内心，而且近乎本能。

这种善的本能，就叫：

天良

所以，孟子认为他孺子可教，因为：

一个人如果有不忍之心，那他就是善良的人，有道德的人，也是值得尊敬、信赖和托付的人。

如果他是一国之君呢？

便会人心所向，众望所归。

就连当上世界之王，也不是没有可能。

此话怎讲？

道理很简单：在孟子这里，不忍之心是天良。天良是人皆有之的。何况对于齐宣王来说，一头牛钱他还是掏得起的，不至于小气到舍不得。因此不用问，就知道齐宣王是出于怜悯之心，也就是天良尚存。

这就有希望。

更重要的是，当这个人由于不忍之心而做到“己所不欲，勿施于人”时，他就已经具备推己及人的素质和能力。事实也是如此：自己不愿意无罪而就死地，便让那头牛免于一死，这不就是将心比心吗？

所以孟子说，能够这样对待动物，难道还不能这样对待人民吗？于心不忍就是有爱。有这份爱心，就能够实行王道，因为只要将爱心推向天下就行。

很有道理吧？

没想到齐宣王却说：我做不到。

孟子也只好继续上课。

本节故事见《孟子·梁惠王上》

养老院与幼儿园

现在让我们回到课堂。

孟子说完那些话后，齐宣王被夸得满脸通红，略带羞愧地说：听先生这样讲，好像还真是那么回事。不过寡人当时也就是一时冲动，想做就做了。爱心呀仁政呀王道呀什么的，都没想过，好像也办不到嘛！

孟子说：不是做不到，是不想做。

宣王问：做不到和不想做，有什么不同？

孟子说：

挟太山以超北海，语人曰我不能，是诚不能也。为长者折枝，语人曰我不能，是不为也，非不能也。

太山就是泰山。

折枝则有三种解释：

一是折取树枝。

二是按摩搔痒。

三是弯腰行礼。

这段话翻译过来就是：说自己不能够把泰山夹在胳膊下面飞过北海，那是真不能。为老人做点小事，比如折根树枝呀，搔搔痒呀，鞠个躬呀，也说不能，那就不是不能做、做不到，而是不想做了。

那么请问，怎么做呢？

老吾老以及人之老，幼吾幼以及人之幼。

这段话的第一个老和幼都是动词。

老吾老，就是赡养孝敬自家的老人。

如果推己及人，想到人家的老人也是老人，也应该赡养孝敬，给予尊重，就叫老吾老以及人之老。

幼吾幼，则是疼爱呵护自家的孩子。

如果推己及人，想到人家的孩子也是孩子，也应该疼爱呵护，给予关照，就叫幼吾幼以及人之幼。

结果会怎么样呢？

天下可运于掌。

也就是说，成为世界之王易如反掌。

齐宣王想：哼哼，哪有这么容易的事？

孟子也知道齐宣王不以为然，便说：如果仗着自己人多势众兵强马壮，发动战争侵略别国，横行霸道却想成为世界之王，那就等于爬到树上去抓鱼。

缘木求鱼啊？

对！这个成语就是这么来的。

宣王问：有这么严重吗？

孟子说：只怕比这糟糕得多。

宣王问：为什么呢？

孟子说：如果邹国和楚国打仗，谁会胜？

宣王答：当然是楚国。

孟子说：没错，可见小的不能战胜大的。你们齐国是很强大，不过也只有天下的九分之一。以九分之一的力量去跟其余九分之八为敌，想想是什么结果？

齐宣王吓出一身冷汗来。

他说：寡人现在头昏脑涨，今天先下课吧！

本节故事见《孟子·梁惠王上》

流行音乐会

第二堂课，孟子跟齐宣王聊音乐。

这是受了齐国大臣庄暴的启发。有一次，庄暴向孟子请教：我们大王说他很喜欢音乐，庄暴不知道该怎么回答。请问喜欢音乐究竟好不好？

孟子说：当然好，齐国有希望了。

于是，再次见到宣王，孟子就谈这个话题。

孟子问：听说王喜欢音乐，有这事吗？

宣王马上就脸红了。

脸红什么？

因为他喜欢的并非古典音乐，而是流行歌曲。

这在贵族，是丢人的。

孟子却说：喜欢流行歌曲也没什么不好，音乐就是音乐嘛！不过微臣想问问，欣赏音乐这事，在大王看来究竟是一个人快乐呢，还是跟别人一起更快乐？

宣王说：当然是跟别人一起啦！

孟子又问：跟少数人一起快乐呢，还是跟多数人？

宣王说：当然是跟多数人啦！

孟子说：恭喜！您可以成为世界之王了。

原文是：

与民同乐……则王矣。

与民同乐，怎么就是王道呢？

因为与民同乐的，也一定与民同忧。

既同乐，又同忧，就叫同心。

同心就同德。

所以孟子说：

乐民之乐者，民亦乐其乐；忧民之忧者，民亦忧其忧。乐以天下，忧以天下，然而不王者，未之有也。

这段话翻译过来就是：

国王以国民的快乐为快乐，国民就会以国王的快乐为快乐；国王以国民的忧虑为忧虑，国民就会以国王的忧虑为忧虑。喜怒哀乐，都以天下人的共同感受为前提为标准，又哪有不成为世界领袖的？

那么，怎样做到与民同乐同忧？

孟子提出了三条建议：

减轻人民负担。

放宽各项政策。

关注弱势群体。

比方说，农业税应该降低；惩罚罪犯时不要牵连其家人；丧妻的鳏夫、丧夫的寡妇、丧父的孤儿和丧子的独老要给予特别的照顾，就像周文王当年那样。

苟如此，天下归心。

宣王说：先生这话说得真好！

孟子说：既然认为好，为什么不做呢？

哈哈，因为他不愿意。

国王与农民同乐，成何体统？

再说了，那些草民懂艺术吗？

当然，话不能这么明说。

齐宣王的办法是耍赖皮。

他说：

寡人有疾，寡人好货。

疾就是疾病，货就是钱财。

意思是：寡人有病，喜欢钱财。

孟子说，这有什么关系？大王喜欢钱财，老百姓也喜欢啊！跟民众一起喜欢不就行了？

宣王又说，寡人有疾，寡人好色。

孟子又说，有什么关系？大王喜欢女人，老百姓也喜欢啊！跟民众一起喜欢不就行了？

宣王无话可说。

看来情况是：孟子真会上课，宣王并不照做。

那怎么办？

恐怕就得说点狠话了。

本节故事见《孟子·梁惠王下》

罢免提案

有一次，孟子到齐国某地视察。

当地的长官，叫孔距心。

孟子对孔距心说：大夫手下的战士，如果一天之内三次失职，请问您会开除他吗？

孔距心说：等不到三次。

孟子说：那就非常抱歉了。大夫您自己失职，恐怕已经超过三次。因为据我所知，贵地灾民和难民，老弱暴尸荒野，青壮流离失所，已近千人。

孔距心说：这不是距心力所能及的。

孟子说：一个人，替别人放牧牛羊，却找不到牧场和水草，是该把牛羊还回去呢，还是看着它们死？

孔距心说：明白了，这是距心的罪过。

孟子回到国都，对齐宣王说：王的地方官我认识了五个，知道自己罪过的只有孔距心。

齐宣王说：这也是寡人的罪过。

看来，孟子固然侠义，宣王也堪称坦荡。

因此，培训班可以继续。

何况这位老师还循循善诱。

于是孟子问宣王：有人要到外地出差，把老婆孩子托付给朋友，请他照顾。回来以后，却发现妻儿老小在挨饿受冻。对这样的朋友，请问应该怎么办？

宣王说：绝交！

孟子又问：如果长官管不了部下，该怎么办？

宣王说：撤职！

孟子再问：国家搞不好，又该怎么办？

齐宣王该怎么回答？

书上的记载是：

王顾左右而言他。

哈！齐宣王看着旁边人说别的去了。

但，孟子还有机会。

又一次，齐宣王问公卿的事。

公卿就是大臣。

孟子说：王问哪一类的？

宣王说：公卿和公卿，难道有什么不同吗？

孟子说：当然。有同族之卿，有异姓之卿。但他们的职责，都是君王有了大的过错就要劝阻。如果反复劝阻还不改，就要采取行动。

宣王问：同族之卿会怎么样？

孟子说：废了那王！

宣王一听，脸色唰地就白了。

孟子说：王也不必紧张。王这样问，我不敢不实言相告。照道理说，是这样。

宣王的脸色这才恢复正常。

他又问：如果是异姓之卿呢？

孟子说：拂袖而去！

哈，还是不要那不合格的君主！

他这是吓唬人吧？

先得肯定，一个国王如果不合格，孟子并没有能力把他赶下台去。他能做的也就是培训。如果那国王不听他的，他也一点办法都没有，顶多只能拂袖而去。

这样看，他是吓唬。

但，国王不合格就应该下台，这个想法在孟子那里可是当真的。他甚至认为，国王如果太不像话，人民有权武装革命，就像武王伐纣。

纣就是殷纣王，是商代最后一位君主。按照传统的说法，这家伙非常残暴，无恶不作，结果被周武王发动革命推翻了政权，他自己则自焚而死。不过在当时，周是商的附属国，在名义上殷纣王是君，周武王是臣，因此也有人认为这是臣弑其君，犯上作乱。

齐宣王就有这个看法。

有一次，宣王问：武王伐纣，有这事吗？

孟子说：史书上有。

宣王又问：臣弑其君，也可以吗？

孟子马上硬邦邦地回答：

> 贼仁者谓之贼，贼义者谓之残，残贼之人谓之一夫。闻诛一夫纣矣，未闻弑君也！

贼和残，都有伤害和毁坏的意思，也都用来指祸国殃民的人。诛和弑则都是杀，但是褒贬相反：犯上作乱叫弑，处决罪犯叫诛，不一样的。

因此这段话翻译过来就是：

破坏仁的叫作贼，破坏义的叫作残，贼仁残义的就叫作独夫。民贼独夫，人人得而诛之。所以，我只听说打倒了独裁者殷纣，没听说过什么弑君不弑君的！

哈！如果有必要又有可能，他会真干。

齐宣王也没准吓出一身冷汗来。

可惜，他还是不听孟子的。

孟子也只好拂袖而去。

本节故事见《孟子》之《公孙丑下》《梁惠王下》

梁惠王的故事

得道多助，失道寡助

上课先吵架,

看谁脾气大。

不行王道要称霸,

众叛亲离你不怕?

哇哇哇,

吓他也白吓,

骂他也白骂,

眼睁睁看他不像话。

罢罢罢!

天要下雨娘要嫁。

吵一架再上课

离开齐国后，孟子到了魏国。

这时的魏国已经迁都大梁，也就是今天的河南省开封市，所以也叫梁国，国王也因此又叫梁惠王，庄子的朋友惠子就是他的丞相。梁惠王是战国七雄中，楚国以外第一个称王的，比客客气气的齐宣王霸道多了。

因此，两人刚刚见面，就吵了一架。

梁惠王开口便说：老伯！你不远千里而来，总该对寡人的国家有点什么好处吧？

孟子却呛回去：王！何必言利，讲讲仁义就好。

接下来，孟子又讲了一通大道理。他说，现在天下大乱，硝烟四起，犯上作乱的不计其数，就因为从上到下口口声声都讲利益好处。如果都讲仁义讲亲爱，社会风气怎么会败坏成这个样子？

总之，扎扎实实把梁惠王训了一顿。

梁惠王怎么说，没有记录。

其实，梁惠王提出那样的问题并不奇怪。因为魏国虽然曾经是超级王国，却先后被齐国和秦国打败，这才不得不迁都大梁。梁惠王心里很是着急，也很需要有些管用的东西，哪有工夫听这老头慢吞吞讲仁义？

孟子当然清楚这一点。而且他也知道，把魏国打得满地找牙的齐国军事家孙膑，正是败军之将庞涓当年的同班同学。痛扁魏国的秦国改革家商鞅，则原本是梁惠王的臣子，由于不被待见才投奔秦国的。

此仇不报，国将不国。

这就要给梁惠王出主意。

只不过，主意仍然是仁义和王道。

仁义和王道也能克敌制胜？

鬼都不信。

孟子也只能设身处地将心比心，讲梁惠王听得进去的道理。他说，大王不是面临困境，要突出重围吗？那么请问，讲仁义和不讲仁义的打起仗来，谁会赢呢？

答案是：讲仁义的会赢。

为什么呢？

天时不如地利，地利不如人和。

意思是：把握时机不如利用地形，地形有利又不如同仇敌忾。这可是战争的规律。

梁惠王不能不同意。

那么，人和从哪里来？

行王道，施仁政。

孟子对梁惠王说，比如秦国和楚国，是横行霸道不讲仁义的。他们无时无刻不在扩军备战，结果是地也没人种，饭也吃不饱，民众流离失所，水深火热。请大王想想，这样的国家还会有战斗力吗？

当然没有。

相反，假如贵国讲仁义，人民安居乐业，国家欣欣向荣，这个时候，一旦发生战争，岂不是所有人都站在贵国一边？到那个时候，大王率领着贵国的仁义之师去讨伐那些不义之人，请问又有谁能够阻挡？

应该也没有。

这叫什么呢？

得道者多助，失道者寡助。

孟子还说，寡助到极点，亲戚朋友都反叛他。多助到极点，普天之下都顺从他。以天下顺从的，攻打亲戚反叛的，请问还有不胜利的吗？

照理说，应该没有。

因此孟子说：

仁者无敌，王请勿疑。

那么，梁惠王同意吗？

没说。

但他愿意请孟子来培训了。

本节故事见《孟子》之《梁惠王上》《公孙丑下》

五十步与一百步

两人刚刚坐下来，梁惠王就吐槽。

梁惠王说：寡人对于自己的国家，真可以算得上是尽心尽力了。每次遭遇灾年都忙个不停，没有哪个国王像寡人这样用心，这样努力的。但是敝国的状况却并不比邻国好多少，请问这是为什么呢？

孟子心想：因为你并不比那些家伙好多少。

不过话不能这么说，这学员会发毛的。所以，还得循循善诱因材施教。比如齐宣王喜欢音乐，那就跟他讲音乐；梁惠王喜欢战争，那就跟他讲战争。

于是孟子说：

王好战，请以战喻。

梁惠王的身子就坐直了。

孟子说：战场上两军相遇，战鼓刚刚敲响，武器也刚刚接触，其中一方的战士便掉头就跑，只不过有的跑了五十步，有的跑了一百步。于是，跑了五十步的那个便嘲笑跑了一百步的，请问可以吗？

如果在春秋，答案是可以。

为什么呢？

因为春秋时期的战争是为了争霸。

争霸就是当带头大哥，因此战争的目的不是要消灭对方，只是要对方服软。服软就不打了。所以，春秋的战争有一条游戏规则，叫不逐北。也就是说，对方逃跑不能追，要追也只能追五十步，不能再追。

所以，那时五十步可以笑一百步。

战国就不一样，打的是兼并战争，双方也都要往死里打。打不赢就只有跑，跑得越远越好。

所以孟子问：五十步可以笑一百步吗？

惠王说：不可以，都是临阵脱逃嘛！

孟子说：那么王也不可以嘲笑邻国。

惠王说：愿听先生教诲。

孟子问：杀人，用棍子和用刀，有区别吗？

惠王说：没有。

孟子又问：用刀杀人和用政治，有区别吗？

梁惠王说：也没有。

孟子就说：现在，王的厨房里有的是肥肉，马厩里有的是骏马，外面的民众却脸上有菜色，田野里有尸体。请问这是什么？是率领野兽来吃人！兽类互相残杀，人类尚且厌恶；当国王的却盘剥百姓聚敛钱财，等于公然率领着野兽来吃人，请问又有什么资格为民父母？

接下来，孟子引用了孔子的一句话：

始作俑者，其无后乎！

俑读如勇，就是殉葬用的人偶。在商代，贵族死了是要用活人殉葬的，结果人心尽失政权垮台。周人吸取教训改成土偶或者木偶，应该说是进步，为什么孔子还要生气地说，发明俑的人会断子绝孙呢？

孟子的解释是：用土偶或者木偶代替真人，等于是承认殉葬合理。他还接着说：用形状像人的土偶和木偶都不可以，何况让老百姓活活饿死呢？

呵呵，这哪里是上课，明明是训人。

那么，这培训班还能办吗？

办不下去了，破产！

本节故事见《孟子·梁惠王上》

不要学那偷鸡贼

其实，孟子还培训过别的国王。

比如滕文公。

滕的位置，在今天的山东省滕州市，说起来也是个古国。开国的君主据说是周文王的儿子，周武王的亲弟弟。如果论资排辈，资格是很老的。

可惜，世界上没有什么一成不变的事情。从西周到战国，时间也足够长。结果，是资格同样老的齐，还有资本不如他们的楚，都鸟枪换炮，变成超级王国。两国的君主也都称王称霸，不可一世。苟延残喘的滕却变得越来越弱小，只能勉勉强强算是侯国。

小国夹在大国之间，日子很不好过。

因此滕文公的问题，是如何活下去。

于是，这位可怜兮兮的公爵便向孟子求教：齐国可得罪不起，楚国也同样得罪不起，他们又都不允许我们守中立。那么，寡人是该投靠齐呢，还是楚？

孟子只能实言相告：

是谋非吾所能及也。

意思是：这个问题不是我能解决的。

当然，王道仁政的大道理，孟子也讲了一遍。他还告诉滕文公，除此之外没有别的办法，剩下的事情恐怕就只能祈求老天爷保佑了。

那么请问，这些话管用吗？

根本没用，滕国还是亡了。

难怪大国的国王都不听他的。

孟子也只好骂人。

比如宋。

宋也是古国，历史地位比滕国还高。滕在建国之初只是侯国，君主也是侯爵，后来才成为公爵。宋却情况特殊，它的首任君主是商王的后代。所以周武王分封天下，宋就被册封为公国，而且是当时唯一的公国。

但到孟子的时代，也衰落了。

不过，跟齐和楚一样，也号称王国。

毕竟，瘦死的骆驼比马大，不是滕可以比的。

那么，宋王参加了培训班吗？

不清楚，因为找不到有关谈话记录。

司马迁的《史记》也没有记载。

但是，孟子应该到过宋国，因为不止一位宋国大臣跟他有过交流。其中一位还曾经表示，愿意接受孟子的意见，降低农业税的税率，通商口岸实现零关税。可惜现在条件还不成熟，只能一步一步慢慢来。

孟子立马就把那人训了一通。

他说，有个偷鸡贼宣布，为了改邪归正，决定由过去的每天偷一只鸡，变成一个月只偷一次。这就是贼的渐进式改良，跟你们的想法差不多吧？

对的。知错不改，就跟偷鸡贼没区别。

这个道理，孟子在齐国也讲过。

当时，燕国正好发生内乱。燕读如烟，国都在今天的北京市。他们窝里斗，齐宣王便想趁火打劫。一位与孟子关系不错的大臣私下问：可以打燕国吗？

孟子说：可以呀！这国不地道。

齐国就把燕国灭了。

这当然并不符合孟子主张的王道。

因此有人质疑：听说先生怂恿齐国伐燕？

孟子的回答却很干脆：哪有！

咦？不是明明说过燕国可伐吗？

孟子却另有解释。

他说，那人只是问我，燕国可不可以攻打，我当然回答可以。但是，如果他问谁能够去讨伐，我就会告诉他只有老天爷才可以。就好比杀人犯被判了死刑，只有执法官能够杀他，我怎么会怂恿齐国伐燕？

原来，该不该讨伐该不该杀，是一回事。

谁来讨伐谁来杀，是另一回事。

老先生，您倒是一次把话说清楚啊！

但，这跟偷鸡贼有什么关系？

请往下看！

本节故事见《孟子》之《梁惠王下》《滕文公下》《公孙丑下》，《史记·孟子荀卿列传》

不认错，就下课

灭燕没过多久，燕人造反了。

齐宣王很后悔，觉得自己没脸见人。

一位大夫自告奋勇为王排忧解难。

他问：吾王的仁义才智，比得上周公吗？

齐宣王说：哎呀！这是什么话！

意思是：寡人岂敢比周公？

周公是谁？

武王的弟弟姬旦。

姬旦非比寻常。武王伐纣时，他担任太傅，与太师姜太公、太保召公奭（召读如绍，奭读如是）合称三公，并肩作战。武王去世后，继位的成王年纪小，就由他来摄政。摄政时，周公做了三件事：营建东都洛阳，完善封建格局，建立礼乐制度。可以说，摄政王周公姬旦是华夏文明的奠基者，当之无愧的古代大圣人。

可是，这位大圣人也犯错误了。

其实，错误不是周公的。

灭了殷纣王以后，武王便把殷商王国的地盘分成了三块，派遣自己的三个弟弟各带一支军队去镇守。但是没有想到，武王一死，这三个人便都反了。周公联合了召公奭和姜太公的儿子，才把叛乱平息下来。

这在历史上，就叫“管蔡之乱”。

于是，这位大夫便拿这事去对付孟子。

他问：管蔡之乱，有吗？

孟子说：有。

那人问：在周公的意料之中吗？

孟子说：不！这不是周公能够预见的。

那人说：看来，圣人也会犯错误的吧？

孟子答：当然，天底下哪有一贯正确的。

那么，圣人跟普通人又有什么两样？

对待失误的态度不同。

圣人有错就改，他人文过饰非。

接下来，孟子说了一段非常有名的话。

那段话的大意是：领导者其实都是公众人物。他们的一言一行，所有人都看在眼里。如果犯了错误，那就像日食和月食，瞒都瞒不住。但是只要改正，却也会像重放光明的太阳和月亮，被众人仰望。

换句话说就是：

承认错误不丢人，反倒更能赢得人们的尊重。

相反，拒不认账，死不改悔，还振振有词，就只能被人鄙视，因为那错误谁都看得见。

这就叫：

君子之过，如日月之食。

更重要的是，文过饰非的结果，必然是用新的错误掩盖旧的错误，在错误的道路上越走越远，最后在泥潭里垂死挣扎不能自拔，那可就连偷鸡贼都不如。

而且，神仙也救他不得。

对！不认错，就下课！

垮台也活该。

本节故事见《孟子·公孙丑下》

见死不救有理

在孟子那里，邹穆公碰了一鼻子灰。

邹的位置，在今天的山东省邹城市，跟滕一样也是古国。由于弱小，两国元首都没有称王，勉强自称公爵。只不过，邹是孟子的家乡，这点跟滕不同。

但，孟子同样不客气。

有一次，邹穆公向孟子吐槽：

前些时我们跟鲁国发生冲突，寡人的官吏死了三十三个，民众却无动于衷，袖手旁观，见死不救。这件事实在让寡人左右为难。杀了这些民众吧，那可是杀也杀不完；不杀吧，又实在咽不下这口气。

于是邹穆公说：请问先生该怎么办？

孟子却幸灾乐祸。

他说，活该！谁让他们平时对民众不好！想想那些灾年，老百姓是怎么过的？年老体弱的暴尸荒野，年轻力壮的逃荒要饭，国库里却堆满粮食。那些家伙为什么不报告灾情？为什么不开仓救灾？既然当官的不把民众的生命当回事，老百姓又为什么要管他们的死活？

哼哼！这下民众可逮住报复的机会了。

接下来，孟子引用了曾子的一句话：

出乎尔者，反乎尔者也。

曾子就是孔子的学生曾参。

由此留下的成语则是：

出尔反尔

不过，曾参那句话的本义，却不是前后矛盾、言行不一、背信弃义、说话不算数等等。曾参说的反，其实就是返回的返。意思是：从谁处来，就回谁处去。

或者说：你怎样对待人家，人家就怎样对你。

难怪孟子要说邹国的官员活该。

这其实是老先生的一贯主张。

他说：

君之视臣如手足，则臣视君如腹心。

君之视臣如犬马，则臣视君如国人。

君之视臣如土芥，则臣视君如寇仇。

这话是对齐宣王说的，意思也很清楚：你把我当成什么，我就把你看成什么。你把我看作亲兄弟，我就把你当作心上人；你把我当牛马，我就把你当路人；你不把我放在眼里，我就把你看成敌人。

呵呵，**你不仁，休怪我不义**。

而且，这还是客气的。

不客气又怎么样？

让你下台！

本节故事见《孟子·梁惠王下》
本节引文见《孟子·离娄下》

领导权从哪里来

有一天，学生万章问了个问题。

他说：尧把天下让给舜，有这事吗？

孟子断然否定。

他说：哪有？怎么可能？

没错，这件事根本就是编出来的。

不过先得说清楚尧舜是怎么回事。

尧和舜还有禹，是中国古代传说中的人物。司马迁还说他们是天子，也就是普天之下的最高领导人。可惜这是不可能的，因为当时并没有统一的国家，又哪来的天子？

天子，是西周才产生的概念和名词。

国家，则是夏启以后才建立起来的。

那么，之前的时代有什么？

部落和部落联盟。

尧舜禹，就是夏以前部落联盟的首席执行官。

这个职务是轮流坐庄的，比如尧之后是舜，舜之后是禹，跟夏商周的父死子继、兄终弟及完全不同。孟子时代的人们看不懂，便认为是尧把天下让给了舜，舜又让给了禹，并把这种权力交接方式叫作：

禅让

其实这是自作多情。舜担任尧的助理二十年，然后又担任副手八年，尧死了以后才接班，这难道也可以叫禅让？说白了，是舜部落后来居上，尧部落不得不让。

谁当联盟的老大，只能由实力来说话。

老大，还不交班啊？
要较量较量吗？
不用不用！
坛坛罐罐都归你，
这门面等我死了以后
再装修，行不？

当然，孟子并没有这样想。

他的观点是：没人能把天下让给别人。

万章问：那么舜的权力，是谁给的？

孟子说：天给的。

万章问：上天授权时，反复叮咛告诫了吗？

孟子说：没有。天不说话。

万章问：不说话，怎么授权？

孟子说：表示态度。比方说，让他主持祭祀，天神地祇都接受；让他主持工作，人民群众都满意。这样的君王就是得到上天授权的，也是合法的。

换句话说，君王的表现，老天爷要考核。

怎么考核？

看老百姓的满意度，叫：

> 天视自我民视，天听自我民听。

也就是说，人民群众是天的眼睛和耳朵。

民众满意谁，就把领导权给谁。

否则，就要收回授权。

最严重的，还要发动武装革命。

讨伐殷纣王的，就是老天爷派出的执法官。

所以孟子才会说，武王伐纣不是犯上作乱。

由此，可以逻辑地推出结论：

天下的领导权是上天和人民共同授予的。

用孟子的话说就叫：

天与之，人与之。

而且，上天的授权既然主要看民众的满意度，那么从逻辑上讲也可以这样认为：

权力来自人民。

民权高于君权。

因此孟子说：

民为贵，社稷次之，君为轻。

社稷是指土地神和谷神，叫社神和稷神；也指祭祀土地神和谷神的地方，叫社坛和稷坛。没有土地和粮食就没有人民和国家。所以在中国古代，社稷通常用来指国家和政权，也叫江山社稷。

因此，孟子的意思很清楚：

民权第一，政权第二，君权第三。

当然！国民和国家都比国王贵重。

那又怎么样？

国王必须对国民好。

如果不好，人民就有权革命。

官员也必须对人民好。

如果不好，人民就有理由见死不救。

至于孟子本人，则根本就不把国王放在眼里。培训当然要搞，但他不会像某些人那样召之即来，反倒是自己随时都可能拂袖而去，上不上课也要看心情。

他还说：我为什么要见他？又不是朋友。

怎么？朋友不能是国王？

不能。

孟子说，孔子之孙子思曾经对国君讲：

论地位，你是君，我是臣，哪敢跟你交朋友？

论道德，你是徒，我是师，怎么能够做朋友？

好厉害！

难怪孟子敢跟国王发脾气。

不愧是男子汉大丈夫。

本节故事及引文见《孟子》之《万章上》《尽心下》《万章下》，并参看《史记》之《五帝本纪》《夏本纪》，《易中天中华史》之《祖先》

男子汉的故事

要做就做大丈夫

天上日月光，
手中红缨枪，
说起话来硬邦邦，
只因正义要伸张。

千锤百炼不锈钢，
何惧针尖对麦芒。
晴空一鹤排云上，
那浩然之气
在胸中回荡，
在天地交响。

不做小男人

离开齐国的时候，孟子走走停停。

这并不奇怪。毕竟，培训班是他想办的，宣王也算不错的学员。所以，孟子走到齐国和邹国之间就停下来住了三天，希望宣王能够把他追回去重新开学。

可惜没有。

不能说孟子的想法没有道理。

实际上临走之前，宣王上门看望了他。

宣王说：寡人从前仰慕先生已久，后来又有幸受教于朝，真是喜出望外，受益无穷。现在先生要抛弃寡人回家乡去，不知以后还可以再见吗？

孟子马上表态：不敢请耳，固所愿也！

当然，前提是宣王必须接受他的主张。

宣王却没有这个意思。

孟子只好一去不回头。

有个齐国人就不以为然了。

他说：看不出齐王能否成就大业，是老糊涂；明明知道这王不行还要来，是图富贵。既然决心要走，那就义无反顾，为什么磨磨蹭蹭的？我不喜欢！

这话传到了孟子那里。

孟子说：什么意思？要我做小丈夫吗？

奇怪！只听说过大丈夫，没听说过小丈夫的。

实际上，丈夫就是成年男子。古人认为，成年男人身高一丈，叫一丈之夫，简称丈夫。如果是儿童，只有六尺，便叫六尺之童。男大当婚，女大当嫁，成年之后就要成婚，所以后来又用丈夫指男性配偶。

小丈夫，就是小男人。

什么小啊？个子吗？

不，器量。

比方说，向国王提意见提建议，王不接受，马上就大发雷霆，怒形于色，拂袖而去，歇斯底里。而且一旦决定离开，不走到筋疲力尽就绝不停止脚步。

这就是小丈夫，孟子可不做。

他要做的，是大男人。

问题是，孟子的脾气也不小呀！

小男人与大丈夫，区别在哪里呢？

大丈夫有傲骨，小男人只有傲气。

那么，傲气和傲骨，有什么不同？

前者是表面上的。

后者是骨子里的。

傲气争的是虚荣和面子。

傲骨守的是原则和尊严。

因此孟子宁肯装病，也决不迁就齐宣王。

也就在那次，孟子引用曾子的话说：

彼以其富，我以吾仁。

彼以其爵，我以吾义。

吾何慊乎哉？

慊，读如欠，缺少的意思。

这句话翻译过来就是：他倚仗他的财富，我倚仗我的仁德；他拥有他的爵位，我拥有我的正义。咱们这些读书人跟王公贵族相比，又不欠缺什么！

那又何必低三下四！

孟子还说：

彼，丈夫也。

我，丈夫也。

吾何畏彼哉！

意思很清楚：他是个男人，我也是男人，我为什么要怕他？比起道德和学问来，权势和地位根本就算不了什么，完全可以不把他们放在眼里。

不过，礼貌还是要讲，该说的也得说，尤其是国王或者官员虚心求教的时候。比如滕国，虽然明摆着难以对抗大国的兼并，孟子也还是谆谆教诲滕文公：民事不可缓也，有恒产者有恒心，也就是一要注重民生，二要保护物权，希望他们能够国泰民安渡过难关。

这就是大丈夫与小男人的区别。

但，如果话不投机呢？

那就保持沉默。

本节故事见《孟子》之《公孙丑下》《滕文公上》

求职先得自己牛

孟子在齐国，也做过外交官。

当时，滕文公去世了。滕是小国，照理说发个唁函也就足够。不过这位公爵人品不错，人缘也好。齐宣王便派出了高规格的代表团参加葬礼，任命孟子以卿大夫的身份担任代表团团长。

副大使，则是一位姓王的县长。

春秋晚期的县，级别相当于后来的省。

可是这两位正副团长却一路无话。

学生公孙丑就看不懂了。他问：代表团的地位应该不算低，齐国到滕国的路也不近，先生跟那位王副团长却从来不谈工作，请问这是为什么呢？

孟子说：那人独断专行，跟他有什么好说的？

这就是傲骨，不是傲气。

更有意思的其实是这句话：

> 说大人则藐之，勿视其巍巍然。

说读如税，游说的意思。

游说是那个时代的特色。从孔夫子开始，没有固定工作的读书人，都要在诸侯各国之间穿梭往来，表面上是宣传自己的政治主张，实际上是谋求一官半职。所以他们就像推销员，既推销各种主义，更推销自己。

看买主的脸色，就几乎是必然的了。

孟子却说，你要游说诸侯大夫，求个职位吗？那就先得蔑视他们，不要把他们的权势和地位放在眼里，尽管他们看起来高不可攀。我们这些人，才真是高贵的。

天底下，还有这样求职的？

有，但要看时代。

孟子所处的战国是可以的，这样做的还不少，因为战国的特点是兼并。大鱼想吃得更多，小鱼要保护自己不被吃掉，中鱼则希望左右逢源，都要有人帮忙。

帮得上忙的，是士。

士是春秋战国时的特殊阶层，地位比天子、诸侯和大夫低，比平民高。他们是最低一级贵族，没有不动产和统治权，只有学问和本事，所以要找工作。

找工作也不难，因为大多有一技之长，比如懂礼乐的做儒士，会打仗的做武士，诡计多端的做谋士。其中名气和本事特别大的，更是人才市场的抢手货，结果是雇员比老板还牛。只要稍不如意，他们转身就走。

正所谓：

此处不留爷，自有留爷处。
处处不留爷，爷去火药库。

供求关系如此，霸道总裁敢不客客气气？

逐鹿中原的时代，也这样。

比如秦汉之际的郦食其（读如丽异基）。

郦食其是高阳（在今河南省杞县）人，一肚子翻云覆雨的鬼主意。当时，刘邦正带着一群散兵游勇去攻打咸阳，郦食其就在他路过家乡时去求见。

郦食其进去时，刘邦正大大咧咧坐在那里，让两个女孩子给他洗脚。

总之，刘邦的态度很傲慢。

年过六十，身材魁梧的郦食其也不下拜，只是拱了拱手，然后声如洪钟地说：足下千里迢迢风尘仆仆不辞辛苦，是专程来助大秦一臂之力的吧？

刘邦勃然大怒。

他破口大骂说：天下同心，苦秦久矣，这才有诸侯联盟，谁会帮助暴秦！

郦食其说，那就不该以这种态度见老先生。

刘邦是实用主义者，变脸比变天还快。他马上起身穿好衣服，请郦食其上坐，再三道歉，然后问策。

当然，酒和菜也恭恭敬敬摆上了桌。

这就叫士人风骨。

士人的啊！文人可没有。

本节故事见《孟子·公孙丑下》、《史记·郦生陆贾列传》
本节引文见《孟子·尽心下》

羞辱往往是自取的

乐正子到了齐国。

此人名克，是鲁国的官员。

而且，也是孟子的学生。

于是，安顿好了以后，他就去见孟子。

孟子说：怎么，阁下也来看我？

乐正子吓了一跳：先生何为出此言也？

孟子问：阁下来几天了？

乐正子说：昨天来的。

孟子说：那么我这样说，不是很合适吗？

乐正子马上解释说：宾馆刚刚定下来。

孟子说：谁说过住处定了才能来见长者？

乐正子低头认罪：克错了。

实话实说，孟子这回有点小气。乐正子不就是晚来了一天吗，也值得这么尖酸刻薄？再说，我们也不知道时间表。如果晚上才到，第二天清早来，也不算晚。

但，师道尊严不容置疑，乐正子只好认了。

不过，乐正子好像又不冤。

根据记载，他这次是随同王子敖来齐国的。王子敖就是参加滕文公葬礼的齐国代表团副大使，当然是齐国大夫。乐正子呢？孟子在鲁国之时，由于国君听信谗言不见孟子，此人还进宫理论，可见是鲁的官员。这次的情况大约是王子敖出访鲁国，乐正子送他回来。

到达淄博以后，齐国举行了盛大宴会。

乐正子要赴宴，就顾不上看望老师了。

只是他没想到，或者这事人人皆知，或者老先生在朝中有线人，总之孟子知道了这些情况，所以才会接着不无讽刺地说：原来阁下礼送王子敖回国，是为了大吃大喝啊！你学习的先王之道，竟是这样践行的！

这样看，孟子的脾气发得又有道理。

难怪孟子说：

人必自侮，然后人侮之。

家必自毁，而后人毁之。

国必自伐，而后人伐之。

乐正子的事，就是证明。

如果他先看老师再去赴宴，便不会挨训。

毕竟，参加国宴，也是尊礼。

当然，孟子那些话并不只是针对乐正子的，实际上具有普遍意义。的确，一个人受到侮辱，多半因为自取其辱。如果庄敬自强，谁又能够奈何？同样，国家如果政通人和，那就无懈可击，怎么会亡？

人的尊严只能来自每个人的自尊，国家尊严更是要靠从国王到国民的自强不息和守护文明。如果自己都不把自己当回事，那就只有死路一条。

因此孟子说：

天作孽，犹可违；自作孽，不可活。

就是说，自然灾害并不可怕，也可以躲避。真正的灭顶之灾，只能是人自己作的孽。

那么乐正子呢？

他还有救吗？

本节故事见《孟子》之《离娄上》《梁惠王下》
本节引文见《孟子·离娄上》

听得进意见就有救

后来的乐正子蒸蒸日上。

鲁国国君还打算让他主持朝政。

孟子听说，高兴得睡不着觉。

学生公孙丑问：是因为乐正子刚强有力吗？

孟子说：不，不，不是的。

公孙丑又问：是因为他足智多谋吗？

孟子说：不，不，也不是。

公孙丑再问：是因为他见多识广吗？

孟子说：不，不，不是这个原因。

公孙丑便问：那是为什么？

孟子说：

其为人也好善。

好善并不是喜欢做好事，而是喜欢听取意见。只要那些意见是善意的，对改进工作有帮助，乐正子就欣然接受，可谓从善如流。孟子很欣赏这点。

公孙丑问：有这一条难道就够了吗？

孟子说：当然，平治天下都没问题，更不要说治理小小的鲁国。因为执政者喜欢听取意见，人们就会不远千里从四面八方来建言献策。如果喜欢拍马屁的呢？那么听到的便都是无耻谰言。这道理还不简单吗？

道理是很简单，真正做得到的却不多。

事实上，尽管谁都明白忠言逆耳，良药苦口，但是真做起来就不是那么回事。修养好点的皱眉头，修养差的就气急败坏。如果是暴君，弄不好还会杀人。

显然，很多人都忘记了或者根本就不知道：傲骨是内心世界的强大，因此越是有道理有正义，也就越是有礼貌，有风度，有器量，能兼容。相反，张牙舞爪只能证明自己虚弱，叫色厉内荏和虚张声势。

就像狗狗，体型越小叫得越凶。

因此孟子又说：

恭者不侮人，俭者不夺人。

也就是说，那些尊重自己的，不会侮辱别人；真正勤俭持家的，也不会夺人之好。

同样，真正的君子，也一定不会盛气凌人。

结论是什么呢？

人不可有傲气，但不可无傲骨。

道理也很简单：

有傲气就会骄人，无傲骨就会媚人。

骄和媚，都不对。

不骄不媚，才是大丈夫。

本节故事见《孟子·告子下》
本节引文见《孟子·告子下》《孟子·离娄上》

所谓纵横家

某次，有人向孟子问起张仪。

张仪是什么人？

纵横家，先秦时代诸子百家的派别之一。不过其他派别比如孔子和孟子的儒家，墨子的墨家，老子和庄子的道家，韩非的法家都是思想家，纵横家却不是。

那么，他们是什么？

摇唇鼓舌的推销员。

穿梭外交的阴谋家。

前面说过，战国是兼并的时代。大鱼吃小鱼，小鱼吃虾米。小鱼和虾米吃得差不多了以后，天下就只剩下为数不多的幸存者和七条大鱼，叫战国七雄。

七雄包括：

燕，都蓟城，今北京市。

齐，都营丘，今山东省淄博市。

赵，都邯郸，今河北省邯郸市。

魏，都大梁，今河南省开封市。

韩，都阳翟，今河南省禹州市。

楚，都郢城，今湖北省荆州市。

以上六个都在太行山以东，叫山东六国。

西边的，就是秦。

秦是后起之秀。武王伐纣的时候，一穷二白的他们还什么都不是，比封了子爵的楚还不如。后来西周灭亡平王东迁，他们护驾有功，又收复了部分失地，这才被封为诸侯。但是靠着商鞅变法，秦人勃然崛起，竟成为头号大国，山东六国无不紧张兮兮。

这下子，纵横家可就有生意好做了。

第一个发现商机的是苏秦。

苏秦是个赌棍，但不赌钱，赌命。

当然，表面上看，是搞推销。

此人推销的产品其实是方案，具体地说就是要山东六国成立联盟，联合起来共同对抗西方强秦，因为他们的国土总面积比秦大五倍，兵力多十倍。由于结盟是从北到南纵向的，所以这款政治商品就叫合纵。

结果，苏秦着实卖了个好价钱。

什么价钱？

挂六国相印，相当于抗秦联盟秘书长。

不过如此这般，苏秦就等于是把身家性命和六国的国运绑在一起下注了。这是有危险的。事实上参加合纵的君王都同床异梦各怀鬼胎，随时可能如鸟兽散。齐国和楚国争当老大，更是暗中较劲明里叫板。唯一能够把这些家伙捆在一起的，就只有秦国的威胁。

苏秦决定再赌一把，请同学张仪演对手戏。

张仪心领神会配合默契。他也周游列国，鼓动各国都单独跟秦私底下结盟。六国君王也都觉得，多个朋友多条路，多个选择多座桥，纷纷向秦国暗送秋波。由于这种联合是横向的，所以叫连横。

苏秦合纵，张仪连横，因此叫纵横家。

结果怎么样呢？那些东张西望的中等王国，一会儿接受苏秦的游说，跟齐国或者楚国合纵；一会儿又听信张仪的蛊惑，跟秦国私下里连横。这就叫：

朝秦暮楚

苏秦和张仪则大发国难财。

当然，是六国之难。

实际上，苏秦是赌棍，张仪是骗子。这个家伙跑到郢都对楚怀王说：只要贵国跟齐国断交，微臣就请我们大王割让六百里土地作为答谢，大王以为如何？

楚怀王喜出望外，立即与齐国翻脸。

然后，兴冲冲地派人向张仪要地。

张仪却回答：我说过六百里吗？明明是六里。

楚怀王简直就快气疯了。

于是，他不听劝阻出兵伐秦，结果一败涂地。战胜国不但有秦，还有被他背叛的齐。齐和秦组成联军并肩作战，楚怀王也只好吞下自己的门牙。

张仪去世后十年，这个糊涂虫又被秦国骗到武关并劫持到咸阳，最后客死在那里。

七十三年后，秦灭楚。

这就是张仪干的好事。

因此那个人对孟子说：张仪可真是了不得啊！他的举足轻重，完全称得上“一怒而诸侯惧，安居而天下熄”。这样的人，应该算是大丈夫吧？

那么，孟子该怎么回答？

本节故事见《孟子·滕文公下》，《史记》之《苏秦列传》《张仪列传》

谁是大丈夫

孟子说，张仪这种人，怎么能叫大丈夫？

确实不能。那家伙不但是骗子，还可能是贼，至少曾经作为小偷被人痛打，原因是楚国丞相的玉璧在吃饭的时候不翼而飞。当然，他也许是被冤枉的。但他受到怀疑却不奇怪，因为谁都认为张仪人品不好。

回家以后，老婆唉声叹气。

张仪却问：你看我舌头还在吗？

老婆说：还在。

张仪说：那就好办！

这份淡定，就像喝足了心灵鸡汤。

这种靠摇唇鼓舌混饭吃的，孟子怎么看得起？

张仪如此，苏秦也好不到哪里去。

那么，什么样的人才是大丈夫？

孟子给出了三个条件：

荣华富贵不能诱惑。

贫穷卑贱不能动摇。

威胁恐吓不能让他屈服。

这就叫：

富贵不能淫，贫贱不能移，威武不能屈。

孟子说：这样的人，才叫大丈夫。

也只有大丈夫，才能遇到挫折不埋怨老天爷，也不责怪其他人，这叫：

不怨天，不尤人。

那么，孟子自己做到了吗？

好像有点问题，因为离开齐国时就连学生都看出来他有失落感。学生在路上问：先生曾经教导我们，不要怨天尤人。既然如此，您为什么脸色不好？

孟子说：有吗？没有吧！

接下来，他说了句非常牛的话：

如欲平治天下，当今之世，舍我其谁也！

意思也很清楚：我为什么要郁郁寡欢？难道老天爷不希望天下太平吗？如果想，那么天底下能够实现这个目标的，如今除了我还有谁？我怎么会郁闷？

这真是好大的口气！

现在我们知道，在孟子那里什么是大丈夫了。

那就是：

有社会责任心和历史使命感的人。

所以，孟子要养气。

本节故事及引文见《孟子》之《滕文公下》《公孙丑下》，《史记·张仪列传》

浩然之气

有一次，学生公孙丑提了个问题。

他说：先生如果当真担任齐国卿相，辅助齐王成就霸业甚至王业是不成问题的。到那时，先生会动心吗？

动心，就是有所恐惧和疑虑。

孟子说：不会，我四十岁以后就不了。

公孙丑问：为什么呢？

孟子的回答是：

我善养吾浩然之气。

什么是浩然之气？

孟子认为很难描述。大体上说，这是一种由道义和正义积累而成的精神体，可以像空气那样充盈于天地之间和人的胸中。它是最伟大和最刚强的，浩浩荡荡无际无涯，所以后人又管它叫浩然正气。

一个人有了浩气，会怎么样？

充盈胸中，表现出来就是美。

美到还能放射光芒，就是大。

还能感化影响别人，就是圣。

化育完成于不知不觉之中，那就是神。

原文是：

充实之谓美，充实而有光辉之谓大，大而化之之谓圣，圣而不可知之之谓神。

美、大、圣、神，是人格修养的四种境界。

境界是需要提升的，但只要有此浩气，就会以天下为己任，以正义为担当，至大至刚，至正至强，光明磊落，坦坦荡荡，成为顶天立地的男子汉，哪怕面对千军万马也勇往直前，正所谓：

虽千万人吾往矣！

但，成为大丈夫，必须吃苦。

为什么呢？

因为多难兴邦，百炼成钢。伟大的民族和文明往往都是在艰难困苦中诞生、成熟并走向胜利。同样，某种曾经伟大的文明如果衰亡，那就一定是整个民族都泡在了酒坛子里，醉生梦死，浑浑噩噩，夜夜笙歌。

这就叫：

生于忧患，死于安乐。

国家民族如此，个人也一样。

因此孟子说：

天将降大任于是人也，必先苦其心志，劳其筋骨，饿其体肤，空乏其身，行拂乱其所为，所以动心忍性，曾益其所不能。

也就是说：老天爷如果委某人以历史使命，那就一定会苦恼他的心意，劳累他的筋骨，饥饿他的肠胃，穷困他的身体，让他无论做什么都不能称心如意，这样才能震撼他的心灵，坚韧他的意志，增强他的能力。

宝剑锋从磨砺出，梅花香自苦寒来。

大丈夫都是在艰苦的环境中成长起来的。

但必须说明，逆定理不成立。

事实上，百炼未必成钢，多难也未必兴邦。如果是块木头，只会烧成灰烬。如果不知反思，国家和民族也只能重蹈覆辙走向沦亡。这时，真正有力量的，恐怕就是说出“皇帝没穿衣服”的那个小孩子。

大写的人，不需要欺骗和谎言。

相反，有时候还会像小孩子。

不信请往下看。

本节故事及引文见《孟子》之《公孙丑上》《尽心下》《告子下》

上当受骗又何妨

某天，一条活鱼送到了子产那里。

子产是春秋时期著名的政治家，当时担任郑国的执政官，有人送鱼并不奇怪。子产也很高兴，立即叫来管鱼池的，吩咐他把这条鱼放进池子里养起来。

那人却把它吃了。

然后，回去汇报工作。

子产问：鱼到了水里，怎么样呀？

管鱼池的说：刚开始时还傻傻的，过一会儿就摇头摆尾起来，最后突然一下不见了。

子产说：得其所哉，得其所哉！

啊！它到了该去的地方呀！

出来以后，那个家伙得意扬扬逢人就讲：谁说子产大夫聪明来着？那条鱼明明在我肚子里，他却说“得其所哉”什么的，还要重复一遍，呵呵！哈哈！

这么说，子产上当受骗了？

是的。还理所当然，心甘情愿。

对此，孟子的解释是：

君子可欺以其方，难罔以非其道。

欺，就是欺瞒；罔，则是愚弄。

这话的意思是：一个正人君子，不会被异端邪说和花言巧语所迷惑。但如果对方所说合情合理，比如那个管鱼池的，把鱼的状态描绘得活灵活现，便难免会信以为真，想不到对方是在坑蒙拐骗。

所以子产被欺，是理所当然。

但，为什么心甘情愿？

因为真正伟大的人物，内心世界其实都非常简单和纯净。而且越是内心强大，越是思想单纯。他不会为自己设下心理防线，时时处处小心提防谁谁谁，反倒愿意像小孩子一样，傻乎乎地相信别人。

这就叫：

大人者，不失其赤子之心者也。

何况，不就是条鱼吗？

而且，那个管池子的还只是欺瞒，不是愚弄。

愚弄与欺瞒有什么区别？

欺瞒是事后撒谎，意在掩盖真相。

愚弄是事先设局，意在陷害别人。

就是说，欺瞒不过利己，愚弄还要损人。

愚弄岂非更恶劣？

当然，一般地说，愚弄造成的损害不大，多半只是设计智力上的陷阱让对方跳进去，然后看他笑话，否则就不叫愚弄，得直接叫陷害。愚弄则只是玩弄。

然而其心可诛。欺瞒不过是利用了良善之心，但是君子求仁得仁，其实无怨无悔，欺瞒就欺瞒好了。愚弄却在挑衅他的智力，是可忍孰不可忍？

所以孔子才说：可以欺，不能罔。

当然，哄，就更可以。

哄，其实是把对方当小孩子。

而且，也只有关系特殊感情好，才能哄。

至于事先设局，侵犯或夺取他人利益，甚至置他人于死地，则叫作诈，也叫骗局。只不过，骗局这个词要到南宋才出现，见于刘克庄的《庚申召对》一文。

那么，不愿意上当受骗，该怎么办？

恐怕就得学会做人和看人。

但这很难，孟子说：

> 有不虞之誉，有求全之毁。

虞是料想，不虞之誉就是想不到的赞扬。得到不虞之誉，多半会喜出望外，孟子却主张不要。因为有不虞之誉，就会有求全之毁，也就是由于求全责备而导致的诋毁。人不是神，怎么可能完美无缺？神也做不到。

那好，拒绝苛求，也得谢绝溢美。

实际上，不虞之誉和求全之毁都不客观。一面坚拒求全之毁，同时笑纳不虞之誉，就不公平。更何况看人太难。人类可以通过科学认识世界，大到宇宙小到分子都头头是道，却至今说不清人是怎么回事。

最难认识的，恰恰是自己。

自己都看不清自己，何况别人？

这就既会有不虞之誉，又会有求全之毁。

那该怎么办？

孟子的主张是：

人知之，亦嚣嚣；人不知，亦嚣嚣。

嚣读如敖，嚣嚣就是自得其乐。

就是说，别人认识理解我，我快乐。

不认识不理解，也快乐。

总之：

我的快乐与别人的看法无关。

所以叫自得其乐。

至于如何认识别人，孟子也给出了办法。

他说：

存乎人者，莫良于眸子。
眸子不能掩其恶。
胸中正，则眸子瞭焉。
胸中不正，则眸子眊焉。
听其言也，观其眸子，人焉廋哉。

眸读如谋，就是眼珠，眸子则是瞳仁。
瞭读第三声，明亮。
眊读如茂，蒙昧。
廋读如搜，藏匿。
这段话的意思是：

观察一个人最好的办法，就是看他眼睛。

眼睛是心灵的窗户。

窗户一旦打开，丑恶即便藏在内心深处，也会暴露无遗。那些鬼鬼祟祟的人，眼睛是模糊不清的，眼神是游移不定的。相反，内心坦荡充满浩然正气的，则一定眼睛明亮炯炯有神，正所谓心明眼亮。

所以，要想防止上当受骗，那就在听人说话的时候看他的眼睛，看眼神是游离飘忽还是坚定不移。

更何况，这样谈话也有礼貌。

这个办法，诸位不妨试试。

本节故事及引文见《孟子》之《万章上》《离娄下》《离娄上》《尽心上》

人性的故事

有共同人性，就有共同价值

水往低处流，

人往高处走，

恻隐之心谁都有，

人性本与善为友。

心存泰山北斗，

何须蝇营狗苟。

豪情直上重霄九，

摧枯拉朽，

看我身手！

人性就像水

有一次，孟子和告子辩论。

告子也是战国时期的思想家，据说年轻的时候见过墨子，跟孟子见面那会儿，应该已经是老先生。至于是谁去见谁，则不清楚，总之是讨论了人性问题。

这很有意义，也很有意思。

有意义是因为孔子不谈人性。
人性作为问题被提出来，是从这场辩论开始的。
后来，人性是善还是恶，就成为一个问题。
他们的辩论，也很好玩。
告子说：

生之谓性。
食色，性也。
性无善无不善也。
性可以为善，可以为不善。

因此告子的态度很明朗，观点也很鲜明：

人性是存在的，也是天生的。
它就是人的天性，也就是自然属性。
作为自然属性，无所谓善恶。

这种观点叫什么呢？
就叫：

人性无善恶论

对此，孟子不能同意。

于是，辩论在他们之间展开。

告子说：天生的就叫作本性。

孟子反问：好比白就叫白，是吗？

告子说：正是。

孟子又问：因此，白羽毛的白就是白雪的白，白雪的白就是白玉的白，是吗？

告子又说：正是。

孟子再反问：既然如此，那么请问，难道狗的本性就是牛的本性，牛的本性就是人的本性吗？

告子怎么回答？

没有记录。

其实，他们不妨继续辩论。

比如，告子可以这样反驳：牛吃草，狗吃肉，人吃熟食，怎么会一样？

当然孟子也能反问：狗也吃熟食，不一样吗？

不信给它热狗，看它吃不吃？

但，孟子的意思却很清楚。

首先，不要抽象地谈什么性质。抽象地谈，白色的羽毛、雪花和玉石没有区别，都是白的；跟白马、白羊和白狗也没区别，也都是白的。

那么请问，这样的性质有意义吗？

其次，也不要谈什么人的天性。论天性，人与动物没区别。比如吃东西和生孩子，动物也会也想，做得还不差。如果把诸如此类也看作人性，岂非“犬之性犹牛之性，牛之性犹人之性”？

那该怎样？

要么别谈人性，要谈就谈社会性。

请问，人的社会性，有善恶吗？

孟子认为有，告子认为没有。

告子说，天生的人性就像水一样，东边开了口子就往东流，西边开口就往西流，哪有什么善恶？

听起来，这很有道理。

于是孟子接过了话头。

孟子说，没错啊没错！要说水的流动，确实无所谓向东还是向西。但，难道也不分上下？

要分的吧！

水尚且要分上下，人就不分善恶？

也要分吧！

那么请问，怎么分？

水性向下，人性向善。

想想也是。水，有往高处流的吗？

没有。

那么，人也应该没有不向善的。

哈，水往低处流，人往高处走。

现在，诸位还有问题吗？

有。先请问：照此说来，人性本善吗？

不，准确的说法是：

向善

正如水，不是原本就在下面，而是趋向低处；人也不是本来就善，是趋向善良。

所以孟子说：

人性之善也，犹水之就下也。

这就叫：

人性向善论

向善才是孟子的观点，本善不是。

那么，所有人都向善吗？

是。这就叫：

人无有不善，水无有不下。

既然如此，为什么还会有人作恶？

环境和条件使然。同样好比水，如果把它堵起来，它也会漫上山。但，能说这是水的本性吗？

当然不能。

人也如此，向善也只是一种可能性，并不等于一定就善。你创造和提供善的环境与条件，他就善，反之则可能恶。性善，只是**趋向于善**。

为什么会趋向于善？

因为人性当中，原本就存在**善的可能**。

那么，有哪些呢？

这就还要讲故事。

本节故事见《孟子・告子上》

嫂子掉进水里了

有个齐国人问：男女授受不亲，是礼吗？

孟子说：是的。

男女授受不亲，就是说，除非母子、夫妻，男女之间哪怕传递东西，也不能手碰到手。

因此那人又问：嫂子掉进水里，伸不伸手？

孟子说：这时还不拉一把，禽兽不如。

那人说：天下掉进水里了，先生怎么不拉？

孟子说：这是什么话！天下又不是嫂子。拯救天下只能依靠道，阁下莫非要我用手吗？

这个故事很有意思。

实际上，所谓“嫂溺，则援之以手乎”原本是一个伪问题，那个齐国人也知道孟子会作肯定的回答，这样他才能提问：今天下溺矣，夫子之不援，何也？

只不过，他被孟子驳回去了。

但也可见，人人都认为人道主义救援毋庸置疑。

为什么呢？

因为人人都有**同情心**。

同情心在孟子这里，又叫：

恻隐之心

恻和隐的意思都是伤痛，所以恻隐之心也就是伤痛之心，但不是说自己。自己受了伤肯定会痛，难得的是别人受伤自己也痛，这就是恻隐之心。

别人受伤，为什么自己会痛呢？

因为人同此心，心同此理。

也由于将心比心，推己及人。

所以叫同情心。

同情心非常重要。有同情心，才能真正做到“己所不欲，勿施于人”。因为只要心存恻隐，伤害虐待别人的时候自己就会疼，会下不了手，这叫**于心不忍**。

所以，同情心也叫**不忍之心**。

不忍之心是发自内心的善，也是天性中良善和道德的底线，叫作**天良**。孟子之所以认为齐宣王可教，就因为他不但心存恻隐，还能扩展到动物身上。

这是人性当中最基本的善的可能。

其余三种是：

羞恶之心：*对不道德的行为感到羞愧和憎恶。*

恭敬之心：*自己谦卑，尊敬他人。*

是非之心：*希望弄清是非曲直。*

孟子认为，这些心理是每个人都有的。

他说：

恻隐之心，人皆有之；

羞恶之心，人皆有之；

恭敬之心，人皆有之；

是非之心，人皆有之。

孟子认为，这就是**共同人性**。

有共同人性，就有**共同价值**。

比方说，**仁义礼智**。

恻隐之心就是仁。

羞恶之心就是义。

恭敬之心就是礼。

是非之心就是智。

孟子还说，仁义礼智并不是外部世界强加的，而是每个人固有的，只不过大家没怎么注意而已。因此只要努力追求，人人都可以成为尧舜，成为圣贤。

相反，如果舍弃向善的可能性，则成为恶人。

这就叫：

求则得之，舍则失之。

至此，孟子已经回答了告子的全部问题，还把中华文明的核心价值观也顺便提出来了。

现在，还有问题吗？

有。

孟子说的这些，真是人类天生就有的吗？

就连狗狗，也不是见了谁都摇尾巴。

那就来讨论讨论。

本节故事见《孟子·离娄上》
本节引文见《孟子·告子上》

熊掌与鱼

孟子的观点，后来很受争议。

同为儒家但比孟子要晚的荀子，就看出老前辈其实有大问题。仁义礼智，怎么可能“我固有之”呢？如果那都是天生的，还要道德教育干什么？

因此他主张，把人性分成两半。

哪两半？

一半叫**性**，是人的**自然属性，恶**。

一半叫**伪**，是人的**社会属性，善**。

所以，人性当中，有善有恶。

恶来自人的自然属性，是先天的。

善来自人的社会属性，是教育改造的结果。

改造之前，是恶的。

这就叫：

人性有恶论

可惜，荀子讲道理，不如韩非讲故事。

韩非是战国晚期的思想家，也是荀子的学生。但他代表的法家学派，却是跟儒家唱对台戏的，而且韩非还是故事大王。他说，有个士兵身上长了毒疮，将军吴起就跪下来，亲自为他吮吸毒疮的脓血。

兵的母亲见了，在一旁哭天抢地。

有人问：将军爱兵，你为什么还要哭呢？

母亲说：当年将军就是这样对待我丈夫的，结果他战死了。我的儿子恐怕也得战死吧？

看看，仁爱到底是什么？

爱兵如子，是为了让他送死。

韩非还说，卖马车的都希望别人升官发财，卖棺材的都盼望别人早点去死，难道是因为前者仁慈，后者残忍吗？当然不是的。没人富贵，马车就卖不出去；没人死亡，棺材就卖不出去。两家店铺老板都是为自己打算着想，没什么仁义不仁义，也没什么道德不道德。

人，都是自私的，也都是自利的。

这就叫：

人性本恶论

概括一下就是：

告子：人性无善恶。

孟子：人性向善。

荀子：人性有恶有善。

韩非：人性本恶。

所以，韩非也不认为仁义礼智是共同价值。

他倒是承认有共同人性，那就是恶。

回头再看孟子，就会发现有问题了。

孟子怎么讲共同人性呢？

他的说法是：饮食，有相同的口味；审美，有相同的趣味。难道心灵就没有共同的追求？当然有，那就是道理和正义。道理和正义让人心旷神怡，就像鸡鸭鱼肉可以满足舌尖，普天之下莫不如此。

这样说，对吗？

恐怕有问题。

口之于味，确有同嗜焉，但也有不同。南方人爱吃米饭，北方人爱吃面食，就是不同。孟子当然可以认为理义就像清炖羊肉，却怎么能肯定别人也如此？

孟子只好再打比方。

老先生说：熊掌和鱼都是我爱吃的，但是如果不能都吃，那就放弃鱼，选择熊掌。生命和正义也都是我想要的，不能都要，那就为了正义牺牲生命。

这段话很有名，原文是：

鱼，我所欲也；熊掌，亦我所欲也。二者不可得兼，舍鱼而取熊掌者也。生，亦我所欲也；义，亦我所欲也。二者不可得兼，舍生而取义者也。

类似的话，孔子也说过：

志士仁人，无求生以害仁，有杀身以成仁。

这当然是很了不起的精神。而且，正是由于有这样的精神，仁人志士和英雄豪杰才会层出不穷，成为千秋万代学习的榜样，我们民族挺立的脊梁。

他们受到崇敬和追思，理所当然。

许多人都说：真有那一天，我也奋不顾身。

说得对！杀身成仁也好，舍生取义也罢，确实都得到“真有那一天”的时候。那天是哪天，恐怕难以列出清单，但可以肯定是非常时期。日常生活中如果也动不动就要舍生忘死，这个世界就太可怕了。

事实上，正如见义勇为不能成为常态，杀身成仁和舍生取义也不能设为常规道德标准，甚至不能视为非常时期的普遍要求。换句话说，你不能要求所有人都视死如归。榜样从来就是少数，否则不成其为榜样。

需要学习的，仅仅是他们的精神。

很显然，孟子的“熊掌与鱼”并不能证明他的观点可以成立，如果成立反倒会引出新的问题：某种道德的境界居然要拿命来换，能说是天生就有的吗？

事实上，这个比喻本身就成问题。

问题在哪里呢？

熊掌与鱼是不等值的，如何选择不用思索。仁义与生命却不好说，至少没有那么大的差价。谁都知道生命是最可宝贵的，那么请问，你有什么证据能够证明仁义就是熊掌，生命就是鱼？当然，孟子可以这样主张，但要想所有人都同意，没门。

庄子就坚决不同意。

他的观点很明确：

人最宝贵的是生命，生命的价值在于自由。

若为自由故，生命可不顾。但，要我为仁义什么的也献出生命？呵呵，对不起！只能呵呵了。

所以，孔孟之道，也仅仅是一家之言。

何况孟子与孔子，也有区别。

孔子说：杀身成仁。

孟子说：舍生取义。

这就叫：

孔曰成仁，孟曰取义。

那么，成仁和取义，又有什么不同？

本节故事见《韩非子》之《外储说左上》《备内》
本节引文见《孟子·告子上》、《论语·卫灵公》

生下来就携带武器

读过《论语》和《孟子》的，可能都会感觉到两位思想家的明显不同：孔子温柔敦厚，春风化雨，润物细无声；孟子侠肝义胆，气势磅礴，一洗凡马空。

故，读孔如饮清泉，读孟如闻战鼓。

这是孔孟之别，也是仁义之别。

不妨再看孟子的说法：

恻隐之心，仁也。
羞恶之心，义也。

恻隐的意思前面讲过，是充满同情于心不忍，甚至是疼爱，是呵护。羞恶则相反。羞是自己羞愧，恶是憎恶别人，都必须强硬起来。

很清楚：

仁是爱，义是恨。
仁不忍，义狠心。

义，是仁的另一面。

所以，实施义举往往有以下特点：

心中充满愤怒，叫义愤填膺。

行动不计后果，叫义无反顾。

千难万险也非做不可，叫义不容辞。

斗争的矛头甚至可以指向亲人，叫大义灭亲。

牺牲自己的生命也在所不惜，叫舍生取义。

这里面的义字，都不能替换成仁。

同样的情况还有：

行侠仗义不能说成行侠仗仁。

侠肝义胆不能说成侠肝仁胆。

见义勇为当然也不能说是见仁勇为。

仁不需要勇，因为仁是爱。

行义却非有胆量不可。它在生理上表现为气，气由义而生，所以叫勇气，也叫义气，还叫正气，孟子称为浩然之气。它需要培养，而且是用道德来培养。

这就叫养气，否则就会泄气。

后来，义气与正气有了微妙的区别。讲义气的多半是江湖好汉、侠客丐帮；讲浩然正气的则是文天祥那样的士大夫和读书人。但都要有气，这是一样的。

气，其实是义所固有。

不妨来看义的古文字：

很清楚，义的字形上面是羊，下面是我。

写成繁体字，就是義。

一只羊，一个我，怎么就是义呢？

因为这个字的本义是仪容的仪，也就是样子。一个人的样子美好，就叫仪态万方；端庄秀丽，则叫仪表堂堂。可见仪的言外之意是：就该这样。

再抽象一下，就是该。

该，就是义。

义无反顾，义不容辞，都由于应该。

那么，该哪样呢？

应该去战斗。

为什么呢？

因为“我”的本义是杀，或者兵器。

看看这个古文字字形，是不是？

这就是武器。

哈！义这个字，是自己带着刀出生的。

当然，更可能拿的是戈。

实际上到后来，义也是随身携带武器者，只不过那武器可以是物质的，也可以是精神的，而且更多时候是精神的。或者说，是批判的武器。

但那股狠劲，丝毫不差。

义，怎么可能没有气？

那么，羊呢？

杀气腾腾的“我”上面，为什么顶着羊头？

因为那是一位酋长或者祭司，正在主持某种古老的仪式，所以是仪。更何况，头戴羊角，身披羊皮，手持武器，也表现出毋庸置疑的威仪，因此也是仪。

情况相同的还有美：

美字上面是羊，下面不是我，是大。

所以传统的说法是：羊大为美。

其实这个字里面的大，是正面站立着的人，意思是冠羊的酋长或祭司，也就是大人物。

既是大人物，又有威仪，当然很美。

所以，羊人为美，羊我为義（仪）。

这就叫大丈夫。

大丈夫当然豪气冲天，孟子就曾经这样说：

万物皆备于我矣。

哈哈！天下万物都为我所具备，世上一切都为我所拥有，那还有什么可在意的？因此真正的大丈夫，不但不会像小男人那样斤斤计较，甚至不必言信行果，一诺千金。他的取舍和去从只有一个准则，那就是义。

这就叫：

大人者，言不必信，行不必果，唯义所在。

毫无疑问，大丈夫也永远快乐。

快乐，是因为有自己的标准。

孟子说：

君子有三乐，而王天下不与存焉。父母俱存，兄弟无故，一乐也；仰不愧于天，俯不怍于人，二乐也；得天下英才而教育之，三乐也。

很清楚，君子之乐有三种：

父母健康，兄弟也都平安。

抬起头来无愧于天，低下头去无愧于人。

有机会教育世间英才。

帮助国王成就王道和王业，不在其中。

这是不同于世俗的价值观。

所以孟子说，只要崇尚德，喜欢义，就可以自得其乐了。因为真正的汉子，走投无路也不丢失正义，飞黄腾达也不背离真理，担任了职务就造福人民，没有一官半职就修身养性，为天下人做榜样。

这就叫：

穷则独善其身，达则兼善天下。

难怪浩气长存的人会放射光芒。

大气磅礴啊！

孟子还告诉我们：当年孔子登上东山，就觉得鲁国很小；登上泰山，又觉得天下不大。所以，见过海洋就无法被池塘吸引，知道真理就难以被流言迷惑。只不过看水的时候，一定要看那壮阔的波澜，以及遍照水面的阳光和月光，才会真的知道"曾经沧海难为水"。

那是一种怎样的境界！

所以，要活就活出个样儿来！

这，恐怕就是孟子留给我们的宝贵遗产：

清清白白做事，堂堂正正做人。

了不起！

让我们向孟子敬礼吧！

本节引文见《孟子》之《告子上》《尽心上》《离娄下》

易中天

1947 年出生于长沙

曾在新疆工作，先后任教于武汉大学、厦门大学

现居江南某镇，潜心写作

胡永凯

1945 年生于北京

曾从事美术电影及连环画、绘本创作，多次获国内外奖项

现为中国国家画院研究员，作品被中国国家博物馆、中国美术馆收藏

孟子故事

作者 _ 易中天　绘者 _ 胡永凯

编辑 _ 王光裕　装帧设计 _ 于欣
技术编辑 _ 白咏明　执行印制 _ 刘淼　策划人 _ 王誉

营销团队 _ 魏洋 张艺千 成芸姣

鸣谢

贺彦军

果麦
www.goldmye.com

以 微 小 的 力 量 推 动 文 明

图书在版编目(CIP)数据

孟子故事 / 易中天著 ； 胡永凯绘． -- 杭州 ： 浙江文艺出版社，2025. 6（2025.11 重印）. -- ISBN 978-7-5339-7964-5

Ⅰ． B222.5-49

中国国家版本馆 CIP 数据核字第 20256TN137 号

孟子故事

易中天 著　胡永凯 绘

责任编辑　金荣良

装帧设计　于　欣

出版发行　浙江文艺出版社

地　　址　杭州市环城北路 177 号　　邮编 310003

经　　销　浙江省新华书店集团有限公司

　　　　　果麦文化传媒股份有限公司

印　　刷　河北鹏润印刷有限公司

开　　本　875 毫米 ×1240 毫米　1/32

字　　数　77 千字

印　　张　4.75

印　　数　35,001-50,000

版　　次　2025 年 6 月第 1 版

印　　次　2025 年 11 月第 4 次印刷

书　　号　ISBN　978-7-5339-7964-5

定　　价　39.00 元